Kia ora, e hoa mā

Welcome to this little book full of big hopes for our beautiful Māori language.

It's designed to help your whānau with the words our babies and tamariki will be surrounded by and interested in as they begin to talk. These are also some of the first words any learner of Māori might want to say when they're using Māori at home — we all need to talk about kai! Some English words have more than one translation in te reo, so I've usually given the most common ones here.

Everyone in your whānau can use this book by pointing out details in the illustrations and matching them with Māori words. There are also simple phrases to help parents trigger more conversation with your tamariki.

If your kids speak more Māori language than you do, thanks to kōhanga reo or kura, these phrases will help you encourage more kōrero with your clever kids. Don't worry if you don't understand everything in their reply. Just using a little bit of Māori will help bring te reo into your home and let your kids know this is a language for everyone. A little can mean a lot.

Āhakoa he iti, he pounamu — although it is small, it is precious.

Stacey

Tēnā koutou, aku tamariki, me ngā tamariki katoa
e ngākaunui ana ki tō tātou reo Māori. Ka ora tō
tātou reo rangatira i a koutou! I give thanks and
respect to my children, and all children who have
a heart for the Māori language. You will give our
treasured language ongoing life and vitality!
— SM

Kia ora all New Zealanders, we dedicate our mahi
on this book to you – no matter how young or old
you are, no matter where you were born, if you are
a New Zealander, te reo Māori is your language too!
— AT & JO

PUFFIN
First published by Penguin Random House New Zealand, 2019
10 9
Text © Stacey Morrison, 2019
Illustrations © Ali Teo and John O'Reilly, 2019
The moral right of the author and illustrators has been asserted
All rights reserved.
Design by Ali Teo and John O'Reilly © Penguin Random House New Zealand
Photograph of Stacey Morrison courtesy of the Breast Cancer Foundation NZ
Photograph of Ali Teo and John O'Reilly courtesy of the illustrators
Printed and bound in China by RR Donnelley
A catalogue record for this book is available from the National Library of New Zealand.
ISBN 978-0-14-377333-7
penguin.co.nz

FSC
www.fsc.org
MIX
Paper | Supporting
responsible forestry
FSC® C144853

My First Words in Māori

Stacey Morrison

illustrations by
Ali Teo and John O'Reilly

PUFFIN

Kanohi
Face

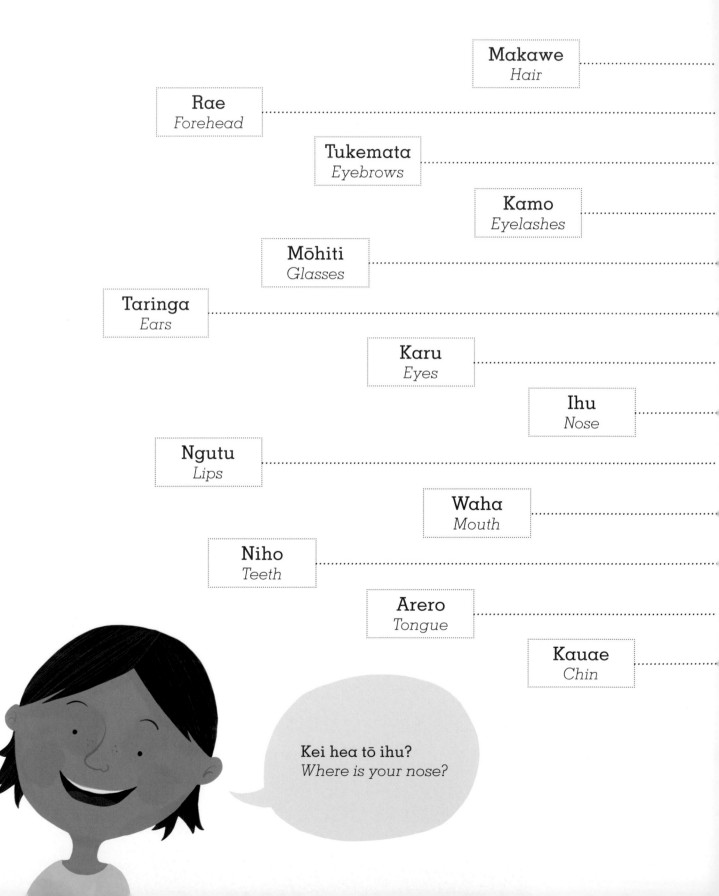

Makawe
Hair

Rae
Forehead

Tukemata
Eyebrows

Kamo
Eyelashes

Mōhiti
Glasses

Taringa
Ears

Karu
Eyes

Ihu
Nose

Ngutu
Lips

Waha
Mouth

Niho
Teeth

Arero
Tongue

Kauae
Chin

Kei hea tō ihu?
Where is your nose?

Tōku kanohi!
My face!

Pāpāringa
Cheeks

Ira
Freckles

Tinana
Body

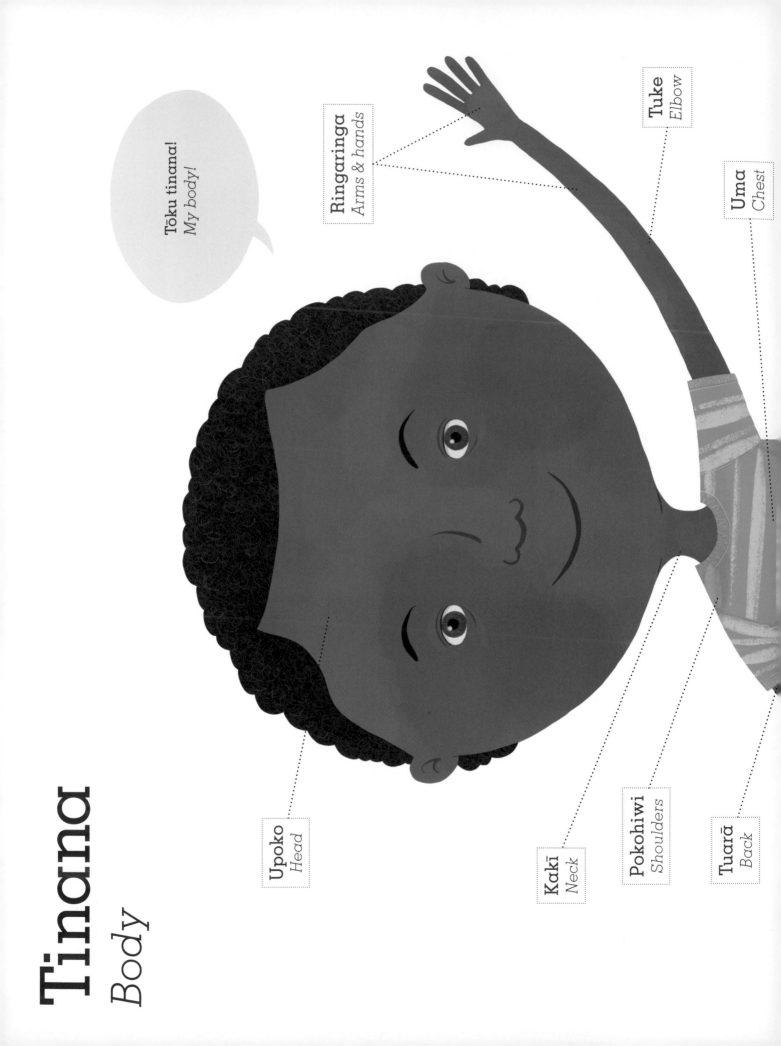

Tōku tinana!
My body!

Ringaringa
Arms & hands

Tuke
Elbow

Uma
Chest

Upoko
Head

Kakī
Neck

Pokohiwi
Shoulders

Tuarā
Back

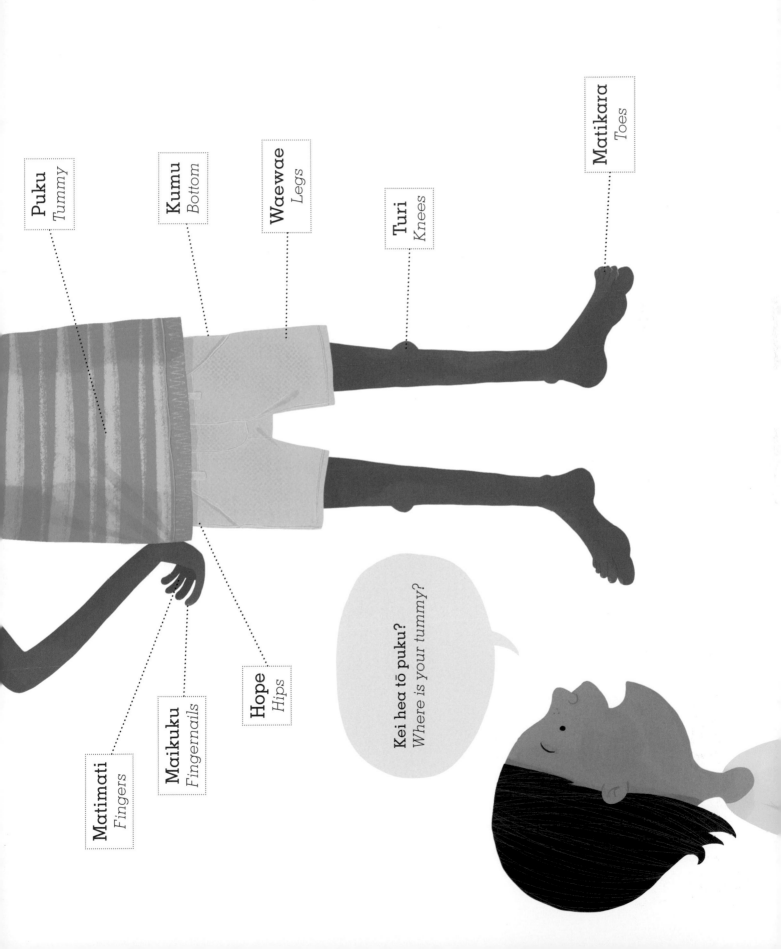

Kākahu
Clothes

Pōtae
Hat

Poraka
Jersey/jumper

Koti
Coat/jacket

Tarau poto
Shorts

Kāmeta
Scarf

Tōkena
Socks

Hū
Shoes

Hingareti
Singlet

Panekoti
Dress

Tarau roto
Undies

Kei te makariri koe!
You're cold!

Whānau
Family

Ōku mātua
My parents

Pāpā / Matua
Father

Māmā / Whaea
Mother

Pēpi
Baby

Tuahine
Sister to a boy

Tungāne
Brother to a girl

Tuakana
*Older sibling
of same gender*

Teina
*Younger sibling
of same gender*

Whanaunga
Relative

Kuia
Grandmother

Koroua
Grandfather

Whaea kēkē
Aunty

Kaihana
Cousin

Matua kēkē
Uncle

Tōku whānau!
My whānau!

Kei te aroha nui tō
whānau ki a koe!
*Your whānau loves
you very much!*

Kare ā-roto
Emotions

Kihi
Kiss

Katakata
Laugh

Tangi
Cry

Menemene mai!
Smile!

Menemene
Smile

Awhi
Cuddle

Kōhimuhimu
Whisper

Umere
Yell

Hiamo
Excited

Pōuri
Sad

Harikoa
Happy

Mokemoke
Lonely

Ohorere
Surprised

Riri
Mad

Kei te pēhea koe?
How are you?

Ka nui taku harikoa!
I'm so happy!

Mōkai
Pets

Ngeru
Cat

Kurī
Dog

Kei te pekepeke te rāpeti!
The rabbit is jumping!

Kinikini
Guinea pig

Rāpeti
Rabbit

Manu
Bird

Ika
Fish

Kai, inu
Food, drink

He kai māu?
Would you like something to eat?

Maika
Banana

Huakiwi
Kiwifruit

Pea
Pear

Rahopūru
Avocado

Āporo
Apple

Huarākau
Fruit

Kerepi
Grapes

Ārani
Orange

Mārau
Fork

Pereti
Plate

Māripi
Knife

Koko
Spoon

Oko
Bowl

Huawhenua
Vegetables

Rīwai
Potato

Kāroti
Carrot

Kamokamo
Squash

Kūmara
Sweet potato

Kānga
Corn

Pī
Pea

Mīti
Meat

Raihi
Rice

Hēki
Eggs

Parāoa rimurapa
Pasta

Karakia whakapai kai
Blessing our food
Nau mai e ngā hua, o Papa
ahurewa, Ranginui kete kai,
whītiki kia ora,
haumi e, hui e, tāiki e!

Whare
House

Tī kōuka
Cabbage tree

Kūaha
Door

Rorohiko
Computer

Puna kaukau
Bath

Pouaka whakaata
TV

Hāneanea
Couch

Moenga
Bed

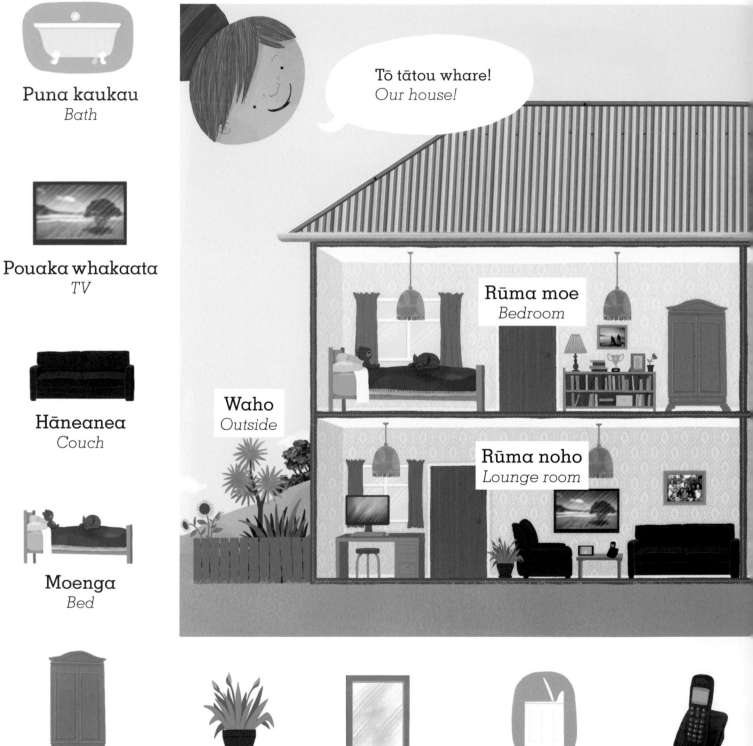

Tō tātou whare!
Our house!

Rūma moe
Bedroom

Waho
Outside

Rūma noho
Lounge room

Whata kākahu
Wardrobe

Tipu
Plant

Whakaata
Mirror

Pūrere horoi kākahu
Washing machine

Waea
Phone

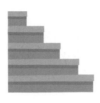

Arawhata
Stairs

Māra
Garden

Matapihi
Window

Whakaahua
Picture/photo

Kei hea te ngeru?
Where is the cat?

Rūma kaukau
Bathroom

Whare horoi
Laundry

Kāuta
Kitchen

Uwhiuwhi
Shower

Ipapa
iPad

Kāpata
Cupboards

Paparahua
Table

Wharepaku
Toilet

Pouaka mātao
Fridge

Tūru
Chair

Umu
Oven

Ngaruiti
Microwave

Rūma moe
Bedroom

Whare tāre
Doll's house

Kamupūtu
Gumboots

Ārai matapihi
Curtains

Teti pea
Teddy bear

Pīkau
Backpack

Moenga
Bed

Taraka
Truck

Kei te tīwekaweka tēnei rūma!
This room is messy!

Pukapuka
Books

Hautō
Drawers

Newanewa
Soft toys

Marama
Moon

Motokā
Car

Kēmu
Game

Whakamaru ua
Umbrella

Maramataka
Calendar

Pouaka kai
Lunchbox

Pūmahana
Heater

Me tuku i ngā taputapu tākaro ki hea?
Where should the toys go?

Tāre
Doll

Paraikete
Blanket

Whetū
Stars

Whata kākahu
Wardrobe

Taputapu tākaro
Toys

Paenga
Shelf

Whāriki
Mat

Pōro
Ball

Urunga
Pillow

Kei waho i te whare
Outside the house

Rā
Sun

Hōpua
Puddle

Putiputi
Flower

Ua
Rain

Maunga
Mountain

Kapua
Cloud

Kura
School

Uira
Lightning

Kōhanga reo
Preschool

Rangi
Sky

Huarahi
Road

Rākau
Tree

Papa
Ground

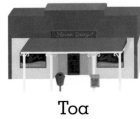

Hokomaha
Supermarket

Toa
Shop

Hau
Wind

Wāhi tākaro
Places to play

Waka
Boat

Poitūkohu
Basketball

Whaiwhai
Chase

Tāheke
Slide

Tūkohu
Net

Waiata
Sing

Tīemiemi, tīemiemi, runga, raro, runga, raro, runga raro e!
Seesaw, seesaw, up, down, up, down, up, down!

Hurō!
Yay!

Kuihi
Geese

Tārere
Swings

Whutupōro
Rugby ball

Oma
Run

Waka pēpi
Pushchair

Pā tūwatawata
Fort

Kanikani
Dance

Manu aute
Kite

E hia ngā pōro i te wāhi tākaro?
How many balls are there at the playground?

Tūtakarau
Jungle gym

Kurupae
Balance beam

Tūraparapa
Trampoline

Tīemiemi
Seesaw

Rōau
Rail

Kutarere
Scooter

Rakiraki
Duck

Paihikara
Bicycle

Tātahi
The beach

Kārehu
Spade

Ārai tīkākā
Sunscreen

Kahu kaukau
Swimming togs

Ngaru
Waves

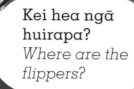
Kōpapa
Surfboard/ boogie board

Mōwhiti kaukau
Swim goggles

Tāwharau rā
Sun shelter

Karoro
Seagull

Kei hea ngā huirapa?
Where are the flippers?

Kotakota rīwai! Taku tino!
Chips! My favourite!

He whare onepū tino pai tēnei!
This is such a good sandcastle!

Pōro
Ball

Waka kōpana
Jet boat

Ipupara
Rubbish bin

Waka topatopa
Helicopter

Kaimoana
Seafood

Pōhutukawa
Pōhutukawa tree

Huirapa
Flippers

Rākau kirikiti
Cricket bat

Moana
Sea

Waea atamai
Smartphone

Whare onepū
Sandcastle

Pōtae
Hat

Mōhiti ārai rā
Sunglasses

Ripi
Frisbee

Angaanga
Shell

Onepū
Sand

Pīwakawaka
Fantail

Pākete
Bucket

Pātara wai
Water bottle

Kotakota rīwai
Chips

Marae

Karanga
Our special call to guests

Kaikaranga
Woman who calls

Harakeke
Flax

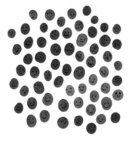

Waiata
Song/singing

Hākari
Feast

Iwi
Tribe

Hapū
Subtribe

Tangata whenua
Home people

Wharenui
Meeting house

Haka pōwhiri
Haka welcome

Marae ātea
Front courtyard

Kaikōrero
Speakers

Waharoa
Entranceway

Wharekai
Dining room

Paepae
Speaker's bench

Mahau
Porch

Ope
Group of people

Manuhiri
Visitors

Ringawera
Kitchen helpers

Rākau
Tree

Kāuta
Kitchen

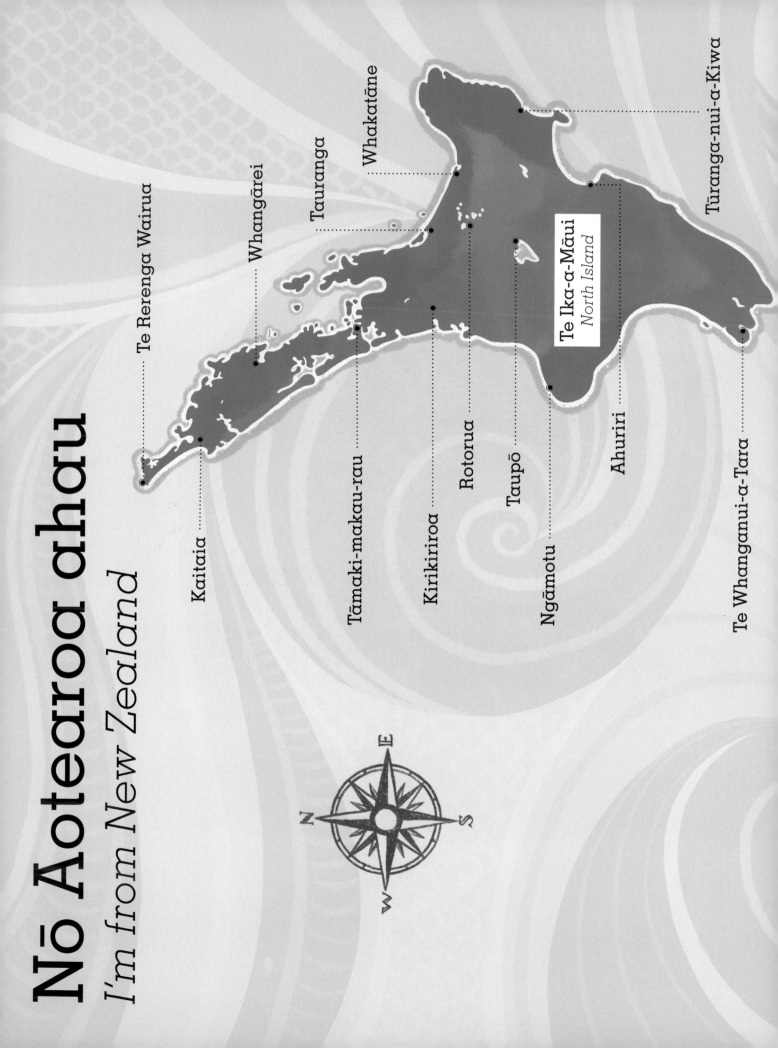

Nō Āotearoa ahau
I'm from New Zealand

Te Rerenga Wairua

Whangārei

Tauranga

Whakatāne

Tūranga-nui-a-Kiwa

Kaitaia

Tāmaki-makau-rau

Kirikiriroa

Rotorua

Taupō

Ngāmotu

Ahuriri

Te Whanganui-a-Tara

Te Ika-a-Māui
North Island

N E S W

Ngā tau
Numbers

tahi one

rua two

toru three

whā four

rima five

ono six

whitu seven

waru eight

iwa nine

tekau ten

Ngā tae
Colours

whero red

karaka orange

kōwhai yellow

kākāriki green

kikorangi blue

waiporoporo purple

māwhero pink

mā white

pango black

parauri brown

kiwikiwi grey

Ngā āhua
Shapes

porohita circle

tapatoru triangle

tapawhā rite square

tapawhā hāngai rectangle

tapaono hexagon

taimana diamond

kape crescent

whetū star

porotītaha oval

ngākau heart